v2

LO STALKING
dalle origini al reato di atti persecutori

...a tutte le vittime di questo reato.

INTRODUZIONE

Perché parlare di atti persecutori

Perché ho voluto parlare di *stalking*?

Per quale motivo gli atti persecutori sono diventati l'argomento di questo libro?

Innanzitutto, in qualità di operatore professionale della sicurezza, io stesso così come quotidianamente avviene per altri operatori: forze di polizia, magistrati ma anche assistenti sociali, medici, infermieri e psicologi, mi sono trovato coinvolto in diverse sfortunate vicende in cui il cittadino chiedeva aiuto concreto per sfuggire al proprio persecutore e *"tornare a vivere"*.

Nel corso della mia attività lavorativa ho potuto costatare quanta poca informazione vi sia nel sapere comune ma anche in molti degli addetti ai lavori "generici". Infatti, a differenza di personale già settorialmente specializzato, gli operatori generici si trovano a dover fronteggiare diverse situazioni di cui spesso non comprendono la gravità e talvolta senza essere in grado di poter consigliare un rimedio a chi si rivolge loro per chiedere aiuto.

La sorte ha poi deciso che, in un particolare momento della mia vita, dovessi trovarmi coinvolto personalmente, mio malgrado, in un episodio di *"stalking indiretto"*.

Ho quindi potuto verificare di persona e comprendere (anche se in misura molto attenuata) l'angoscia del cittadino comune che si rivolge alle istituzioni per chiedere giustizia, quando la propria richiesta d'aiuto cade nel vuoto delle lacune normative o rimbalza sul muro d'incompetenza o insensibilità al problema da parte di taluni operatori.

Per questi motivi ho voluto documentarmi e scrivere riguardo agli atti persecutori questa mia prima opera che, senza voler essere un trattato giuridico, vuole fornire alcune nozioni di base circa l'evoluzione del fenomeno dello *stalking*, dalla sua prima apparizione "pubblica", passando per il riconoscimento giuridico del reato nella nostra nazione, sino al quinquennio successivo.

L'autore

In quali termini si è voluto parlare di atti persecutori

Questo libro, primo di una serie, si propone di dare attenzione al fenomeno degli atti persecutori, filtrando il concetto sotto diversi aspetti, anche con esempi pratici, osservandolo sia dal punto di vista dell'utente sia da quello dell'operatore e suggerendo alla vittima alcuni accorgimenti di natura comportamentale.

Verrà fornita al lettore una panoramica generale dell'evoluzione del fenomeno *stalking*, sin dalla sua prima apparizione mediatica per arrivare alle prime regolamentazioni in ambito nazionale.

In particolare, verrà dato risalto ad una trattazione generale del tema, definendo lo *stalking* in modo particolareggiato e fornendo contestualmente anche alcuni brevi cenni storici del fenomeno.

L'argomento sarà quindi esaminato tanto dal punto di vista della primaria evoluzione normativa, analizzando la norma specifica dell'art. 612 *bis* del Codice penale, sia nella formulazione originaria del 2009, sia in quella successiva del 2013, estesa al biennio successivo, quanto evidenziando la procedibilità per il reato, le misure coercitive, di prevenzione e quelle cautelari adottate per fronteggiare il fenomeno.

L'ultimo capitolo verrà inoltre dedicato alla spiegazione di quelle che sono state le primissime soluzioni – *normative e pratiche* – ideate dall'ordinamento italiano per dare un'iniziale risposta al problema.

Capitolo I

Lo Stalking
Descrizione generale del fenomeno

COS'È LO *STALKING*?

Definizione ed etimologia del termine

Lo *stalking* è una forma di violenza psicologica e fisica che annienta la volontà della vittima, fiaccandone ogni resistenza sia morale sia sociale.

Trova la sua origine in equivoci ed incomprensioni nei rapporti interpersonali, nella non accettazione dell'atteggiamento altrui e nel desiderio ostinato dello stalker di imporre la propria volontà e controllo.

La situazione ha indotto il legislatore ad occuparsene in modo serio e determinato anche se, tuttora, le cose da fare sono molte per limitare il fenomeno.

Gli "*atti persecutori*"[1], termine italiano con cui è stato

---

[1] http://www.carabinieri.it/Internet/Cittadino/Consigli/Tematici/Questioni+di+via/Stalking+o+Sindrome+del+molestatore+assillante/

tradotto il termine anglosassone *stalking*, in termini psicologici sono un complesso fenomeno relazionale, indicato anche come "*sindrome del molestatore assillante*"[2] e, seppur articolato in una moltitudine di dettagli, è tuttavia possibile descriverne i contorni generali.

Gli elementi basilari dello *stalking* sono:
- il *"persecutore"* o *"molestatore assillante"*, o ancora *"predatore"* (l'attore, il soggetto attivo);
- la vittima (il soggetto passivo);
- la relazione "*forzata*" e controllante che si stabilisce tra i due soggetti e che finisce per condizionare il normale svolgimento della vita quotidiana della seconda, provocando uno stato di ansia e paura continuo.

---

[2] Galeazzi G.M., Curci P., "*Sindrome del molestatore assillante*" in "*Giornale italiano di Psicopatologia*"; Roma 2001

La paura e la preoccupazione risultano, quindi, elementi fondanti e imprescindibili della "*sindrome del molestatore assillante*" per configurarla concretamente e darne la connotazione soggettiva che gli è propria.

I comportamenti persecutori sono definiti come "*un insieme di condotte vessatorie, sotto forma di minaccia, molestia, atti lesivi continuati che inducono nella persona che le subisce un disagio psichico e fisico e un ragionevole senso di timore*".[3]

Non sono perciò tanto le singole condotte ad essere considerate persecutorie, ma piuttosto è la modalità ripetuta nel tempo, contro la volontà della vittima, che riassume in sé il principale significato delle condotte persecutorie.

I comportamenti persecutori sono riconducibili a molestie reiterate, tanto sessuali che psicologiche, ma

---

[3] http://www.counselingitalia.it/articoli/3157-stalking

anche derivanti da privazioni economiche, tali da causare uno stato di prostrazione che induce la vittima a modificare il modo di vivere quotidiano.[4]

Per quanto concerne i singoli comportamenti ripetuti possono essere costituiti da condotte non costituenti di per sé reato, si pensi ad esempio al recarsi quotidianamente presso un determinato posto, senza nuocere ad alcuno, sia violazioni dei precetti delle norme penali, già condannabili singolarmente.

La durata dello *stalking* può essere variabile: passa da un minimo di paio di mesi fino a coprire un periodo lungo anche parecchi anni.

---

[4] http://www.pariopportunita.gov.it/index.php/campagne-di-informazione/1175-stalking-quando-le-attenzioni-diventano-persecuzione

Capitolo II

L'Evoluzione
Breve storia degli atti persecutori

Storia moderna dello *stalking*
Dalla cronaca ai primi provvedimenti normativi

Photo by Craig Whitehead

Gli atti persecutori in Italia sono un fenomeno relativamente nuovo, specialmente come reato.[5]

---
[5] Osservatorio Nazionale sullo Stalking, "*Stalking. Aspetti psicologici, sociologici e*

Esso però era già noto nella civiltà anglosassone, dove prende il nome di *"stalking"*, derivato dall'inglese *"to stalk"*, termine mutuato dalla caccia alla volpe, che – *tradotto in italiano* – significa letteralmente *"fare la posta"* alla vittima, riferito alla caccia d'appostamento.[6]

Il fenomeno *stalking* iniziò ad imporsi all'attenzione dei mass media e degli studiosi (sociologi, medici legali, giuristi, psichiatrici, ecc.) in seguito ad alcuni efferati fatti di cronaca che accaddero negli Stati Uniti agli inizi degli anni '80, ove alcune celebrità furono vittime delle gravi azioni dei loro fan.[7]

Brevemente di seguito ricordiamo tre rilevanti episodi: il più famoso, ma anche meno incisivo, fu l'omicidio del cantante John Lennon avvenuto l'8

---

giuridici"; Ed. AIPC Roma 2009.
[6] http://www.ospedali.lecco.it/images/stories/pdf/convegni/convegno_cug/MOBBING_STRAINING_STALKING.pdf
[7] http://www.lettera43.it/cronaca/3734/se-il-fan-si-trasforma-in-killer.htm

dicembre 1980 per mano di Mark David Chapman, un fan squilibrato che gli sparò quattro colpi di pistola.[8]

Photo by Matt Seymour

Più rilevante del precedente, fu quello che può essere facilmente annoverato come il primo caso "mediatico" di *stalking*, che coinvolse – suo malgrado – l'attrice statunitense Theresa Saldana.

Il fan Arthur Richard Jackson, che la notò nel film del 1980 *"Defiance"*, la seguì per cica due anni nei suoi

---

[8] http://www.gialli.it/ho-ucciso-john-lennon

spostamenti e nella sua vita privata, arrivando ad assoldare un investigatore privato per portare avanti la propria opera persecutoria.

Il tragico epilogo della vicenda avvenne il 15 marzo 1982, quando Jackson si presentò presso l'abitazione dell'attrice e la ferì gravemente utilizzando un coltello.

Fu fermato per puro caso nel suo intento omicida da un fattorino sopraggiunto presso la casa della celebrità.[9]

Quest'episodio di cronaca, suo malgrado ispirò la mente di un altro *stalker* e assassino: Robert John Bardo, il quale il 18 luglio 1989, dopo aver suonato alla porta dell'attrice Rebecca Schaeffer, le sparò, uccidendola.

---

[9] http://en.wikipedia.org/wiki/Theresa_Saldana

La particolarità in questo caso d'omicidio fu nel fatto che Bardo era già noto da anni all'attrice ed al suo entourage quale stalker.

In precedenza scrisse molte volte all'attrice: a tali lettere rispose però il fan service. In seguito, utilizzò un investigatore privato per conoscere l'indirizzo della celebrità e qui, nel 1987 si presentò per incontrarla, bloccato dal servizio di sicurezza; un mese dopo si ripresentò, armato di coltello, per incontrare la celebrità, placcato anche in quest'occasione dalla sicurezza.[10]

Spinto dalla necessità, dovuta alla carenza normativa e soprattutto dall'ondata d'indignazione morale suscitata da tali eventi criminosi, l'ordinamento statunitense e in particolare lo Stato della California, introdusse nel 1991 la prima disciplina anti-*stalking*.[11]

---

[10] http://en.wikipedia.org/wiki/Rebecca_Schaeffer
[11] Merra S., Marzi G. *"Stalking"*, Ed. Sovera, Roma 2009 – pag. 10.

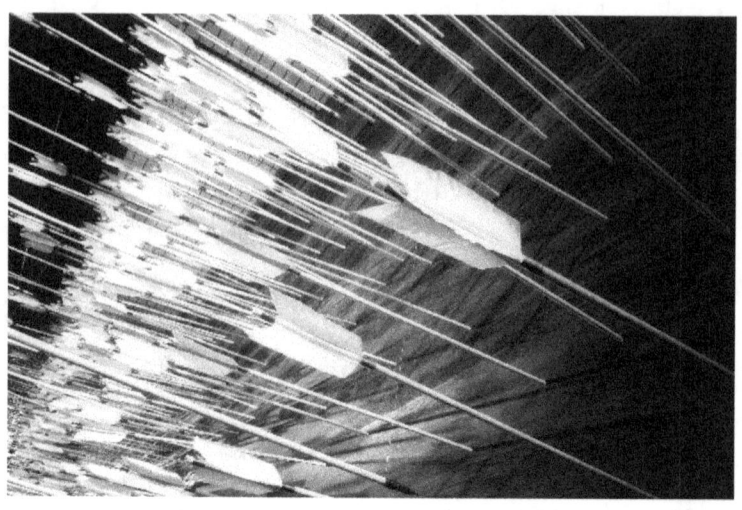

Photo by Franck V.

In Europa invece il primo paese ad adottare una legislazione in materia fu la Danimarca, che punisce chiunque compia qualsiasi atto fisico e non, idoneo a violare la tranquillità di una persona.[12]

Ad oggi vi sono paesi come Francia, Grecia, Repubblica Ceca e Spagna, dove tuttora non risultano disposizioni normative specificamente rivolte a contrastare il fenomeno.

---

[12] http://www.geniodonna.it/index.php?option=com_content&view=article&id=363%3Adossier-stalking&catid=69%3Aviolenze&Itemid=164&limitstart=4

In Italia il reato di atti persecutori nacque grazie all'entrata in vigore del Decreto Legislativo n. 11 del 23 febbraio 2009, art. 7, *"Misure urgenti in materia di sicurezza pubblica e di contrasto alla violenza sessuale, nonché in tema di atti persecutori"*, convertito con modificazioni in Legge 23 aprile 2009 n. 38, di cui si tratterà ampiamente nel capitolo successivo.

Questa norma ha introdotto nel codice penale la fattispecie di *"atti persecutori"* (art. 612 *bis* c.p.), termine con il quale si vuole far riferimento a quelle condotte reiterate d'interferenza molesta e assillante nella vita altrui, riconoscendo alla reiterazione un'autonoma rilevanza penale e colmando per tale via un ingiustificato vuoto normativo.

Gli atti persecutori sono un reato ben definito, punito con condanne da sei mesi a cinque anni di reclusione, dotato di numerose circostanze aggravanti.[13]

Dall'entrata in vigore della legge sullo *stalking*, il 25 febbraio 2009, furono registrati numerosi casi di denunce all'autorità italiana che sempre più spesso si trova a gestire forme diverse del reato, che colpisce le vittime senza distinzione di sesso, razza o estrazione culturale.[14]

Anche delle varie tipologie di *stalking* si parlerà ampiamente in altre opere della presente collana

Le statistiche ci dicono che il numero di tali casi è purtroppo in aumento.[15]

Se però i numeri impressionano per la loro crudezza, è ancor più sconcertante la casistica degli event

---

[13] Lattanzi G., *"Codice penale. Annotato con la giurisprudenza."*, Ed. Giuffrè, Roma 2010 – pag. 63.
[14] http://www.sistan.it/index.php?id=88&no_cache=1&tx_ttnews%5Btt_news%5D=2476
[15] http://www.stalking.it/?p=3239

criminosi, che l'introduzione dello specifico delitto nell'ordinamento italiano ha reso finalmente visibile.

L'attenzione che si trasforma in ossessione.

Molestie quotidiane, silenziose, difficili da individuare e fermare; il sospetto diventa paura e intacca la propria libertà, fino ad auto-costringersi in una prigione soffocante.

Comportamenti reiterati di sorveglianza, controllo, contatto pressante e minaccia che invadono con insistenza la vita di una persona per toglierle la quiete e l'autonomia.

.

CAPITOLO III

ARTICOLO 612 *BIS*

- parte prima -

L'ordinamento penale italiano

L'articolo 612 *bis* c. p.

Recepimento della norma penale nell'ordinamento italiano e le sue diverse evoluzioni nel tempo

Photo by Nik MacMillan

La prima stesura dell'articolo 612 *bis* del Codice

penale[16, 17, 18], fu introdotta dal Decreto Legge 23 febbraio 2009, n. 11[19] e convertita nella Legge del 23 aprile 2009, n. 38[20] con titolo *"Disposizioni urgenti in materia di sicurezza pubblica e di contrasto alla violenza sessuale, nonché in tema di atti persecutori"*, che introduceva per la prima volta il reato di *stalking* nell'ordinamento italiano[21], recitava:

"Salvo che il fatto costituisca più grave reato, è punito con la reclusione da sei mesi a quattro anni chiunque, con condotta reiterata, minaccia o molesta taluno in modo da cagionare un perdurante e grave stato di ansia o di paura ovvero da ingenerare un fondato timore per l'incolumità propria o di un prossimo congiunto o di persona al

---

[16] http://www.filodiritto.com/articoli/2009/11/art-612-bis-codice-penale-atti-persecutori-stalking/

[17] Bartolini F., *"Lo stalking e gli atti persecutori nel diritto penale e civile, Mobbing; Molestie; Minacce, Violenza privata"*, Ed. La Tribuna 2009.

[18] Tovani S., Trinci A, *"Lo stalking. Il reato di atti persecutori (Art.612 bis c.p.) e le altre modifiche introdotte dalla legge 23 aprile 1990 n. 38"*, Ed. Dike Giuridica, Roma 2009.

[19] Gazzetta Ufficiale n. 45 del 24 febbraio 2009.

[20] Gazzetta Ufficiale n. 95 del 24 aprile 2009.

[21] Rinaldi M., *"Il reato di stalking"*, Ed. ALTALEX, Pistoia, 2010.

medesimo legata da relazione affettiva ovvero da costringere lo stesso ad alterare le proprie abitudini di vita.

La pena è aumentata se il fatto è commesso dal coniuge legalmente separato o divorziato o da persona che sia stata legata da relazione affettiva alla persona offesa.

La pena è aumentata fino alla metà se il fatto è commesso a danno di un minore, di una donna in stato di gravidanza o di una persona con disabilità di cui all'art. 3 della legge 5/2/1992 n. 104, ovvero con armi o da persona travisata.

Il delitto è punito a querela della persona offesa. Il termine per la proposizione della querela è di sei mesi. Si procede tuttavia di ufficio se il fatto è commesso nei confronti di un minore o di una persona con disabilità di cui all'art. 3 legge 5/2/1992, n.104, nonché quando il fatto è connesso con altro delitto per il quale si deve procedere di ufficio."

Come detto, l'art. 612 *bis* fu una delle novità più significative introdotte con il D.L. 23.2.2009, n. 11, recante «*Misure urgenti in materia di sicurezza pubblica e di contrasto alla violenza sessuale, nonché in tema di atti persecutori*».

Photo by Philipp Lansing

Il nuovo reato prevedeva allora la pena della reclusione da sei mesi a quattro anni a carico di chi, con condotte reiterate di minaccia o molestia, causi nella vittima «*un perdurante e grave stato di ansia o di paura*», o un «*fondato timore*» per l'incolumità propria, ma anche di un prossimo congiunto o di una persona a lei legata da una relazione affettiva, oppure la costringa ad «*alterare le proprie abitudini di vita*».

Si può osservare come il legislatore del 2009 abbia cercato di fornire una risposta appropriata a condotte che, fino ad oggi, erano inquadrate nelle meno gravi fattispecie dei singoli delitti, quali la minaccia, la violenza privata o nella contravvenzione di molestie, di cui essa si compone.

Tali ipotesi di reato si sono dimostrate inidonee a tutelare le vittime a fronte di condotte che presentano un maggiore coefficiente di gravità, dovuto alla reiterazione degli atti persecutori, ed alla loro incidenza negativa sulla sfera privata e familiare della vittima.

Photo by Milada Vigerova

Le vittime di questo reato sono soprattutto donne e, le molestie sono opera di ex mariti, ex conviventi o ex fidanzati.

Per la sussistenza del reato è necessaria, in primo luogo, la reiterazione della condotta criminosa, rappresentata da minacce e/o molestie.[22]

---

[22] Bartolini F., *"Lo stalking e gli atti persecutori nel diritto penale e civile, Mobbing; Molestie; Minacce, Violenza privata"*, Ed. La Tribuna 2009.

Andiamo ora a definire, secondo l'ormai consolidata interpretazione giurisprudenziale e dottrinale, quali sono le condotte che integrano i reati di minaccia e molestia.

Per minaccia s'intende la prospettazione di un male futuro e prossimo, per molestia invece si considera qualsiasi attività che alteri dolorosamente o fastidiosamente l'equilibrio psico-fisico normale di un individuo.

Il reato rimane peraltro a forma libera, atteso che, tanto le minacce, quanto le molestie, possono essere realizzate secondo una molteplicità di forme idonee a produrre, nel primo caso, un effetto coartante sulla libertà psichica della vittima e, nel secondo caso, un'indesiderata intrusione nella sua sfera individuale.

È inoltre necessario che le minacce o le molestie siano

reiterate: la reiterazione evoca non solo una pluralità di condotte, ma anche il loro verificarsi in tempi e contesti differenti.

Accanto alla reiterazione degli eventi, per la consumazione del reato è altresì necessaria la produzione di almeno uno degli avvenimenti menzionati dalla norma, in altre parole:

a) un perdurante e grave stato di ansia o di paura nella vittima, qualificando lo stato d'ansia e di paura come "*perdurante*" e "*grave*"; la norma si richiama a forme patologiche di stress o di alterazioni dell'equilibrio psicologico, tali da essere riscontrabili già sul piano oggettivo;

b) un fondato timore per l'incolumità propria, di un prossimo congiunto o di persona legata alla vittima da una relazione affettiva; in questa seconda ipotesi si specifica come il timore debba essere "fondato", per essere il tale il timore, cioè la situazione di paura vissuta dal soggetto passivo, deve essere stato accertato concretamente ed in modo inequivocabile dal giudice; l'oggetto del timore quindi deve essere costituito dall'incolumità della persona offesa, di un suo prossimo congiunto o di una persona a lei legata da una relazione affettiva. È configurabile anche il tentativo, purché gli atti diretti in tal senso siano sufficienti per integrare il requisito della reiterazione richiesto dalla norma.

Stando alle prime interpretazioni giurisprudenziali, il reato di *stalking* viene identificato a carico dell'attore che, con le proprie condotte reiterate, con il proprio atteggiamento minaccioso e pedinando (o sorvegliando) ossessivamente il soggetto passivo presso il proprio domicilio, la sede lavorativa o altro luogo frequentato per abitudini o necessità di vita o di famiglia, produce in esso un perdurante e grave stato d'ansia e costringendolo a modificare le proprie abitudini di vita.

Photo by Yuris Alhumaydy

In seguito all'entrata in vigore del Decreto Legge 14 agosto 2013 n 93[23], convertito con modificazioni dalla Legge 15 ottobre 2013 n. 119[24], furono introdotte alcune modifiche al Codice penale ed al Codice di

---

[23] Gazzetta Ufficiale n. 191 del 16 agosto 2013.
[24] Gazzetta Ufficiale n. 242 del 15 ottobre 2013.

procedura penale[25], dedicate in modo particolare alla violenza c. d. *"di genere"* ed ai reati consumati in ambito domestico (ad es. art 572 C. p.).

Tutto ciò allo scopo di poter garantire una maggior tutela delle vittime ed accrescere nel contempo l'effetto dissuasivo nei confronti degli autori di tali reati.[26]

Non fu esente da modifiche nemmeno il testo dell'articolo 612 *bis* del Codice penale, che venne investito dai provvedimenti della Legge in questione e fu variato nel testo che segue:

"Salvo che il fatto costituisca più grave reato, è punito con la reclusione da sei mesi a cinque anni chiunque, con condotte reiterate, minaccia o molesta taluno in modo da

---

[25] http://news.avvocatoandreani.it/articoli/decreto-anti-violenza-modifiche-codice-penale-codice-procedura-penale.html
[26] http://www.altalex.com/index.php?idnot=59356

cagionare un perdurante e grave stato di ansia o di paura ovvero da ingenerare un fondato timore per l'incolumità propria o di un prossimo congiunto o di persona al medesimo legata da relazione affettiva ovvero da costringere lo stesso ad alterare le proprie abitudini di vita.

La pena è aumentata se il fatto è commesso dal coniuge anche separato o divorziato o da persona che sia stata legata da relazione affettiva alla persona offesa ovvero se il fatto è commesso attraverso strumenti informatici o telematici.

La pena è aumentata fino alla metà se il fatto è commesso a danno di un minore, di una donna in stato di gravidanza o di una persona con disabilità di cui all'articolo 3 della legge 5 febbraio 1992, n. 104, ovvero con armi o da persona travisata.

Il delitto è punito a querela della persona offesa. Il termine per la proposizione della querela è di sei mesi. La querela proposta è irrevocabile.

Si procede tuttavia d'ufficio se il fatto è commesso nei confronti di un minore o di una persona con disabilità di cui all'articolo 3 della legge 5 febbraio 1992, n. 104, nonché quando il fatto è connesso con altro delitto per il quale si deve procedere d'ufficio.".

Rispetto al testo del 2009, si registrano diverse modificazioni. In particolare:

- nel primo comma osserviamo la variazione nel massimo della pena base, che passa da quattro a cinque anni di reclusione;
- sono stati anche modificati i commi successivi, relativi alle circostanze aggravanti ed alla procedibilità ed alle misure cautelari.[27]

---

[27] http://www.antonellapedone.com/articoli/stalking-le-novita-della-legge-15-ottobre-2013-n-119

Capitolo IV

Articolo 612 *BIS*

- parte seconda -

Il Codice penale nel dettaglio

L'articolo 612 *bis* in dettaglio
Commenti alla norma penale

Photo by Wesley Tingey

Regime di procedibilità

Quanto al regime di procedibilità per il reato in questione, esso è punito, di regola, a querela della persona offesa.

Va segnalato come il termine per proporre querela sia stato esteso dai tre mesi previsti per i reati comuni ai sei mesi, periodo corrispondente a quello previsto dall'art. 609 *septies* per i reati di violenza sessuale, con cui spesso gli atti persecutori sono correlati.

La *ratio* della norma è infatti analoga a quella di quest'ultimo delitto e va ravvisata nella salvaguardia della capacità di difesa della persona offesa, in considerazione dell'angoscia interiore vissuta da chi si trovi a dover denunciare, e quindi rendere pubblici, comportamenti gravemente lesivi della propria sfera privata, attuati nella maggioranza dei casi, da soggetti molto vicini alla vittima.

Si procede invece d'ufficio, ossia a prescindere dalla querela della persona offesa, qualora il fatto sia commesso nei confronti di un minore o di una persona con disabilità di cui all'articolo 3 della legge 5 febbraio 1992, n. 104, oppure ancora quando il fatto sia connesso con un altro delitto per il quale si debba necessariamente procedere d'ufficio.

Circostanze aggravanti

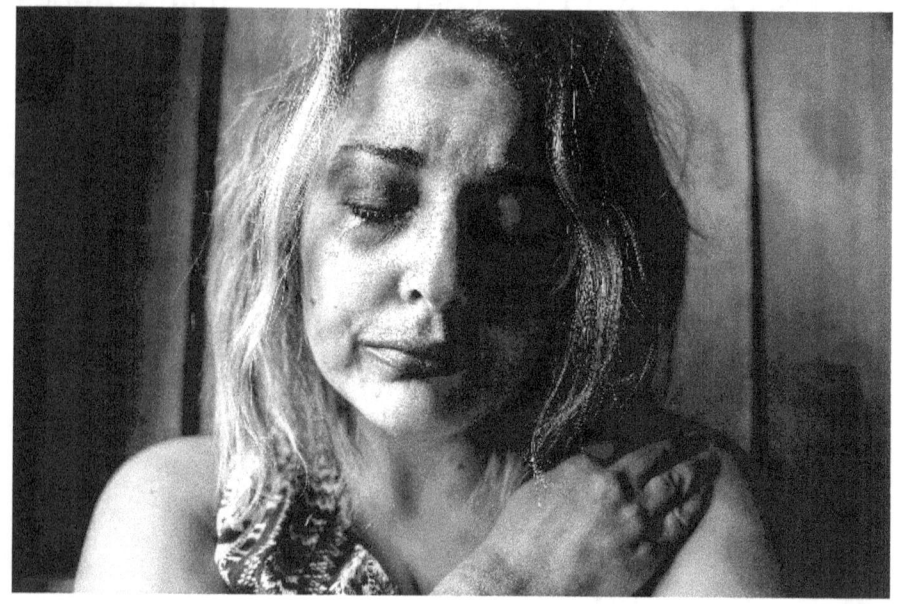

Photo by Kat J

Al secondo ed al terzo comma dell'articolo 612 *bis* sono state introdotte due circostanze aggravanti.

La pena subirà un incremento fino a un terzo, qualora il fatto sia commesso dal coniuge legalmente separato o divorziato o da un soggetto che in passato è stato legato alla persona offesa da una relazione affettiva.

È opportuno precisare che, in seguito all'entrata in vigore del Decreto Legge 14 agosto 2013 n. 93, tale aggravante si estende anche al coniuge nel caso in cui gli atti persecutori siano attuati in un periodo in cui il matrimonio sia ancora in essere.

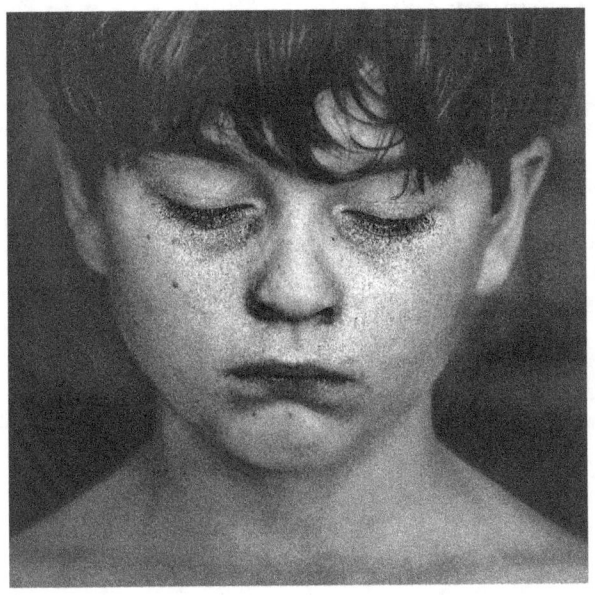

Photo by Kat J

L'aumento della pena sarà invece fino alla metà qualora gli atti persecutori siano perpetrati ai danni dei soggetti considerati più deboli, quali minori d'età, donne in stato di gravidanza o persone disabili.

Allo stesso aumento di pena soggiace il reo che, nella commissione del fatto reato, abbia utilizzati metodi particolarmente pericolosi per l'incolumità della vittima o atti ad accrescere l'effetto intimidatorio sul soggetto passivo quali, ad esempio, l'uso di armi o travisamenti.

Remissione ed irrevocabilità della querela

Photo by Sydney Sims

La querela, ai sensi dell'articolo 612, comma 2, del Codice penale è irrevocabile soltanto nel caso in cui gli atti persecutori siano stati commessi mediante minacce reiterate ed aggravate.

È opportuno evidenziare che, se prima in forza della Legge n. 93/2013, l'irrevocabilità della querela in caso di *stalking* era incondizionata, l'intervento correttivo dovuto all'opera della Legge n. 119/2013 ne condiziona l'irrevocabilità al fatto che ricorrano le particolari condizioni citate in precedenza.

Tale irrevocabilità è stata prevista in osservanza del principio stabilito dalla Convenzione di Istanbul, ratificata dal Parlamento con Legge del 27 giugno 2013, n. 77, secondo il quale è doveroso e necessario garantire la prosecuzione del processo penale per determinati reati di violenza, anche quando la persona offesa dovesse ritrattare l'accusa o ritirare la denuncia.[28]

La remissione della querela può essere solo processuale, cioè deve avvenire necessariamente in udienza, dinanzi al giudice, il quale avrà facoltà di accertare la spontaneità della remissione stessa e l'assenza di eventuali condizionamenti o coartazioni sulla vittima.

---

[28] Sorgato A., *"Maltrattamenti e stalking"*, Ed. Antonio Tombolini, (Digitale) – pag. 12.

L'arresto obbligatorio

Photo by niu niu

L'articolo 612 *bis* del Codice penale è stato incluso tra i reati di cui all'articolo 380 del Codice di procedura penale (articolo 380, comma 2, lettera L *ter*) che recita:

"*Gli ufficiali e gli agenti di polizia giudiziaria procedono all'arresto di chiunque è colto in flagranza di un delitto non colposo, consumato o tentato, per il quale la legge stabilisce la pena dell'ergastolo o della reclusione non inferiore nel minimo a cinque anni e nel massimo a venti anni.*

Anche fuori dei casi previsti dal comma 1, gli ufficiali e gli agenti di polizia giudiziaria procedono all'arresto di chiunque è colto in flagranza di uno dei seguenti delitti non colposi, consumati o tentati:

...omissis...

l-ter) delitti di maltrattamenti contro familiari e conviventi e di atti persecutori, previsti dall'articolo 572 e dall'articolo 612-bis del codice penale.

...omissis...".

Sul piano procedurale questo comporta l'introduzione dell'arresto obbligatorio in flagranza di reato, in analogia a quanto accade con il reato di maltrattamenti in famiglia.[29]

È doveroso precisare che, ai fini dell'arresto in flagranza del reo, è condizione sufficiente che gli operatori di sicurezza intervenuti nella circostanza assistano ad un singolo episodio di atti persecutori.

Si ricorda che lo *stalking*, infatti, essendo un reato abituale, è caratterizzato dalla reiterazione nel tempo della condotta persecutoria; ai fini della flagranza, è sufficiente essere colti nell'atto di commettere anche uno solo di tali atti.

In particolare, il reato si considera perfezionato nel momento in cui si realizza uno degli eventi previsti dall'articolo 612 *bis* del Codice penale, ossia quando nella vittima si generi, in via alternativa:

---

[29] http://www.antonellapedone.com/articoli/stalking-le-novita-della-legge-15-ottobre-2013-n-119

- un perdurante e grave stato di ansia o di paura;
- un fondato timore per la propria incolumità;
- un'alterazione delle proprie abitudini di vita.

È doveroso precisare che, per il principio di non retroattività, questo vale per i reati di *stalking* che siano stati perpetrati in seguito all'entrata in vigore del Decreto Legge 01 luglio 2013, n. 78[30], convertito con Legge 9 agosto 2013 n. 94.[31]

---

[30] Gazzetta Ufficiale Serie Generale n.153 del 2 luglio 2013.
[31] Gazzetta Ufficiale Serie Generale n.193 del 19 agosto 2013.

Capitolo V

Altre Soluzioni normative

*Le contromosse
dell'ordinamento giuridico italiano*

Altre soluzioni normative

*Le contromosse
dell'ordinamento giuridico italiano*

Come si è visto in precedenza, con il riconoscimento del reato, inserito nel codice penale vigente all'articolo 612 *bis*, è stata data agli interessati la possibilità di intervenire: le vittime possono denunciare immediatamente il loro *stalker* proprio per gli atti persecutori subiti come unico reato continuato nel tempo e non come somma di altre simili fattispecie di reato prese singolarmente: una risposta concreta ai cittadini, dopo un lungo oblio normativo.

Il legislatore dell'epoca tuttavia non si è fermato a questo, infatti, oltre all'introduzione del reato di "*Atti persecutori"*, già visto in dettaglio nel capitolo precedente, ha voluto prevedere anche altre forme di tutela per i cittadini.

Le principali possono riassumersi nel provvedimento di *"Ammonimento del Questore"*, di natura amministrativa, e del *"Divieto di avvicinamento ai luoghi frequentati dalla persona offesa"*, provvedimento invece di natura penale, emesso da un giudice.

Procedura di ammonimento

La previsione di una procedura di ammonimento, alla quale la persona offesa può ricorrere solamente prima di proporre un'eventuale querela (in mancanza quindi di una condizione di procedibilità).

L'art. 8 della Legge 23.4.2009, n. 38, prevede che la vittima degli atti persecutori esponga i fatti costituenti ipotesi di reato all'autorità di pubblica sicurezza, richiedendo al Questore l'emissione di un provvedimento di *Ammonimento* nei confronti dell'autore della condotta penalmente illecita.

Il Questore, assunte le necessarie informazioni sul caso, qualora reputi fondata la richiesta da parte della vittima, potrà ammonire l'autore degli atti persecutori.

Attraverso tale procedura l'istante porta a conoscenza l'Autorità locale di Pubblica sicurezza del fatto che un terzo individuo compia atti di persecuzione a suo danno.

Il Questore accerterà con tutti gli strumenti a sua disposizione la veridicità dei fatti esposti nell'atto di richiesta e qualora ne ravvisasse l'opportunità, emetterà l'atto di ammonimento.

Formalmente tale atto consiste nella redazione di un processo verbale in cui il Questore ordina all'attore dello stalking di uniformare il proprio comportamento a quello previsto dalla Legge, e, interrompendo qualsiasi interferenza nella vita del richiedente.

Una copia del verbale è notificata al richiedente l'ammonimento e una all'ammonito.

Scopo del provvedimento è la prevenzione del delitto di atti persecutori, attraverso un invito, rivolto al loro potenziale autore, a tenere un comportamento conforme alla Legge.

L'ammonimento può quindi essere incluso tra le misure di prevenzione, cioè tra tutti quei provvedimenti di carattere amministrativo (cioè non penale) di competenza dell'autorità amministrativa o dell'Autorità Giudiziaria che sono strumenti di difesa sociale adottati nei confronti di persone ritenute pericolose.[32]

Ma vi è di più: dalla procedura di ammonimento derivano anche importanti conseguenze sotto il profilo sanzionatorio: nel caso in cui l'ammonito dovesse proseguire nella propria condotta persecutoria, in caso di condanna, subirà un aumento

---

[32] http://sicurezzapubblica.wikidot.com/misure-di-prevenzione

della pena per il delitto di cui all'art. 612 bis.

Inoltre l'intervento della procedura d'ammonimento muterà la condizione di procedibilità per gli atti futuri che non necessiterà più di querela di parte, ma sarà procedibile d'ufficio.

Divieto di avvicinamento ai luoghi frequentati dalla persona offesa

Un'altra novità importante per l'epoca la ritroviamo nell'introduzione del nuovo testo dell'art. 282 *ter* del Codice di procedura penale., rubricato *"Divieto di avvicinamento ai luoghi frequentati dalla persona offesa"*.

Con tale norma fa ingresso nell'ordinamento una nuova misura cautelare, di tipo coercitivo, il cui contenuto può riassumersi in una disposizione, rivolta dal giudice all'imputato, di non avvicinarsi a luoghi determinati, abitualmente frequentati dalla persona offesa, o di mantenere da essi o dalla vittima una determinata distanza (1° comma).

Il 2° comma prevede che, in presenza di ulteriori esigenze di tutela, il giudice possa ordinare all'imputato di non avvicinarsi a luoghi determinati e abitualmente frequentati dai prossimi congiunti della vittima, o da persone con lei conviventi o legate alla stessa da relazione affettiva.

In alternativa l'Autorità Giudiziaria può decidere di ordinare all'attore di mantenere da costoro certa distanza dai predetti luoghi o persone.

Photo by Kirill Sharkovski

Il giudice avrà ampia facoltà di prescrivere modalità

e limiti di frequentazione di tali luoghi, qualora essa si renda necessaria per motivi di lavoro o esigenze abitative, inoltre potrà essere vietata all'attore la comunicazione con i soggetti di cui al 1° e 2° comma, con qualsiasi mezzo.

Altra disciplina in merito ai provvedimenti urgenti è quella dettata dall'articolo – *di nuova formulazione* – 384 bis del Codice di procedura penale, che recita:

"Gli ufficiali ed agenti di polizia giudiziaria hanno facoltà di disporre, previa autorizzazione del pubblico ministero, l'allontanamento urgente dalla casa familiare con il divieto di avvicinarsi ai luoghi abitualmente frequentati dalla persona offesa, nei confronti di chi è colto in flagranza dei delitti di cui all'articolo 282-bis, comma 6, ove sussistano fondati motivi per ritenere che le condotte criminose possano essere reiterate ponendo in grave ed attuale pericolo la vita o l'integrità fisica della persona offesa.

Si applicano in quanto compatibili le disposizioni di cui agli art. 385 e seguenti del presente titolo.".

Con quest'articolo si autorizza la polizia giudiziaria ad attuare i provvedimenti urgenti per preservare la vittima da ulteriori forme di violenza, con la sola prescrizione del consenso del magistrato che dirige o assumerà la direzione delle indagini.

L'autorizzazione del pubblico ministero deve intendersi, normalmente, in forma scritta e, quando questo non è possibile, può essere espressa nell'immediatezza in forma orale purché sia seguita da documentazione scritta, trasmessa anche a mezzo fax.[33]

---

[33] Tramontano L., *"Codice di procedura penale spiegato"*; Ed. La Tribuna, Piacenza 2014 – pag. 2000.

CAPITOLO VI

SOLUZIONI PRATICHE
Prime iniziative a favore del cittadino

Prime iniziative pratiche a favore del cittadino

Photo by Sydney Sims

Nel tempo, oltre alle risposte normative di cui si è trattato in precedenza, al fine di dare prontamente una risposta alle necessità del cittadino, sono state ideate ed attuate diverse iniziative pratiche volte a fornire alle vittime di atti persecutori un interlocutore rapido e preparato sull'argomento per conseguire una più veloce e pratica soluzione al problema.

Tra le prime di esse, la principale è stata concepita dal *"Dipartimento per le Pari Opportunità"* che istituì il servizio **1522**: un numero telefonico gratuito antiviolenza e *stalking*, finalizzato a fornire una prima assistenza per chiunque ne avesse bisogno,

Il numero, attivo 24 ore su 24, serve per mettere in collegamento diretto le vittime con le questure, offrendo anche supporto psicologico e giuridico.[34]

Dal marzo 2009, inoltre, è operativo presso Raggruppamento Carabinieri Investigazioni Scientifiche di Roma[35], sotto la direzione del già citato Dipartimento per le Pari Opportunità, il Nucleo Carabinieri – Sezione Atti Persecutori.

---

[34] http://www.pariopportunita.gov.it/index.php/campagne-di-informazione/1175-stalking-quando-le-attenzioni-diventano-persecuzione
[35] il Ra.C.I.S. è il Comando dell'Arma dei Carabinieri che si occupa delle Investigazioni Scientifiche, supervisiona i comandi R.I.S. di tutta Italia, noti ai più per le diverse fiction in tv realizzate sull'argomento

Tale unità, composta inizialmente da soli tredici carabinieri specialisti, scelti tra criminologi, psicologi, sociologi, biologi e informatici, è stata creata appositamente per monitorare il fenomeno ed individuare i profili psicosociali di molestatori.

Photo by Kelly Sikkema

L'obiettivo finale era quello di realizzare un *vademecum* di riconoscimento per tutti gli operatori investigativi e di giustizia che si confrontano con la nuova tipologia di reato.[36]

---

[36] http://www.carabinieri.it/cittadino/consigli/tematici/questioni-di-vita/

Da allora si sono succedute altre diverse iniziative pratiche per arginare il fenomeno dello *stalking*, oggi spesso associato a quello della violenza di genere.

L'ultima iniziativa in ordine cronologico è riconducibile al protocollo divenuto noto socio mediaticamente con il nome di *"codice rosso"*[37], regolamentato dalla L. 69/2019 e recante modifiche al Codice di procedura penale ed altre disposizioni in materia di tutela delle vittime di violenza domestica e di genere, argomento che sarà trattato ampiamente in un successivo volume della presente collana.

---

[37] stalking-o-sindrome-del-molestatore-assillante/la-sezione-atti-persecutori
https://www.diritto.it/il-sistema-penale-di-tutela-delle-vittime-di-violenza-domestica-e-di-genere-il-doppio-binario-del-codice-rosso/

L'Autore

L'AUTORE

Scrittore non per professione, l'ideatore di questo piccolo dizionario si occupa, per diletto, di scrivere sulla materia informatica, in modo che la stessa sia facilmente comprensibile a tutti, soprattutto ai *"non addetti ai lavori"*, e senza tecnicismi

Maurizio B., è dottore magistrale in Giurisprudenza, laureato in Servizi giuridici per l'impresa ed è titolato presso l'Istituto Superiore di Tecniche Investigative dell'Arma dei Carabinieri.

Impiegato per ventidue anni quale Ufficiale di Polizia Giudiziaria e per tre anni in qualità di Agente, inserito nella struttura nell'Arma dei Carabinieri, con esperienze maturate in ambito territoriale nelle Legioni Carabinieri Lombardia, Piemonte e Friuli Venezia Giulia, con gli incarichi di capo equipaggio di Aliquota Radiomobile, comandante di Stazione, di Aliquota Radiomobile, e di comandante in sede vacante di Nucleo Operativo e Radiomobile in sede di Comado di Compagnia distaccata.

In precedenza è stato comandante di Squadra presso le Compagnie di Intervento Operativo di Milano e di

Venezia-Mestre (dove ha ricoperto anche l'incarico di comandante di Plotone in sede vacante), realtà lavorative inquadrate nella linea mobile dell'Arma dove ha ricoperto sovente l'incarico di Comandante di Distaccamento quale responsabile di operazioni di ordine pubblico e di supporto all'Arma territoriale, realizzate nelle zone più disagiate della penisola.

Attualmente, dopo una breve parentesi professionale presso il Reparto Ricerca e Sviluppo del Raggruppamento Carabinieri Investigazioni Scientifiche di Roma, è stato assegnato al Reparto Tecnologie Informatiche del medesimo Comando di Corpo.

Appassionato anche di nuove tecnologie, l'autore, già diplomato in *"Elettronica e telecomunicazioni"*, ha conseguito nel luglio del 2021 l'abilitazione quale *"Analista di Laboratorio"* nelle specialità di *"Informatica"*, *"Elettronica"* e *"Cibernetica"* presso la Sezione Addestramento del Ra.C.I.S., con tirocinio pratico svolto presso il Reparti Tecnologie Informatiche del medesimo Comando di Corpo.

L'autore, attualmente studente *part-time* in ingegneria informatica, è inoltre già titolare di diverse attestazioni rilasciate dalla Scuola di

Telecomunicazioni delle Forze Armate di Chiavari (GE), nei settori *"Cyber defence"*, *"Cyber network protection"* e *"Digital forensics"*.

Inoltre, interessato da sempre al contrasto delle vicende di degrado e violenza riconducibili all'ambito affettivo e familiare, cui nel corso della propria carriera ha cercato di trovare una soluzione pratica, ancor prima che giuridica, ha scritto sei libri, sia saggi che narrativi, sull'argomento, senza tuttavia avere la pretesa di voler realizzare manuali tecnici o giuridici ma in modo tale che lo stesso risulti essere di chiara comprensione tanto alle vittime, per aiutarle ad uscire dalla loro situazione, quanto agli autori, al fine di dar loro consapevolezza delle proprie azioni e persuaderli quantomeno a mitigarne i comportamenti.

Nel 2019 ha partecipato al convegno *"Codice Rosso: cosa cambia"*, organizzato dal Comitato pari opportunità del Consiglio dell'Ordine degli Avvocati di Bergamo.

dello stesso autore:

COLLANA *"LO STALKING"*

LO STALKING – origine psicologica degli atti persecutori
Ed. Amazon Media EU S.a.r.l., 29.03.2020

LO STALKING – casi atipici del fenomeno
Ed. Amazon Media EU S.a.r.l., 17.10.2020

COLLANA *"STORIE DI STALKING"*

Il caso di Debora
Ed. Amazon Media EU S.a.r.l., 30.03.2020

Resta a casa, sei al sicuro
Ed. Amazon Media EU S.a.r.l., 25.06.2020

Dentro la scatola
Ed. Amazon Media EU S.a.r.l., 27.10.2021

in lavorazione:

    LO STALKING – Il *"codice rosso"*: cos'è cambiato?

COLLANA "...*for dummies*"

PAROLE INFORMATICHE
piccolo dizionario dei termini informatici

Independently published

in lavorazione:

       ATTACCHI INFORMATICI e come evitarli

INDICE

Indice

LO *STALKING* 3
INTRODUZIONE 7
   Perché parlare di atti persecutori 9
   In quali termini si è voluto parlare di atti persecutori 13
LO *STALKING* 17
   Definizione ed etimologia del termine 19
L'EVOLUZIONE 23
   Storia moderna dello *stalking* 25
   Dalla cronaca ai primi provvedimenti normativi 25
   L'attenzione che si trasforma in ossessione. 33
ARTICOLO 612 BIS 35
   L'articolo 612 *bis* c. p. 37
     Recepimento della norma penale nell'ordinamento italiano e le sue diverse evoluzioni nel tempo 37
ARTICOLO 612 BIS 51
   L'articolo 612 *bis* in dettaglio 53
     Regime di procedibilità 53
     Circostanze aggravanti 56
     Remissione ed irrevocabilità della querela 59
     L'arresto obbligatorio 61
ALTRE SOLUZIONI NORMATIVE 65
   Procedura di ammonimento 69
   Divieto di avvicinamento ai luoghi frequentati dalla persona offesa 73

SOLUZIONI PRATICHE 77
    Prime iniziative pratiche a favore del cittadino........................ 79
L'AUTORE.. 85
    dello stesso autore: 90
INDICE... 95

*Grazie a tutti coloro che hanno collaborato
alla stesura del presente libro.*

*Un grazie particolare va ad Emanuele,
collega ma soprattutto amico,
il quale mi ha esortato a realizzare
questo mio progetto editoriale
che avevo in mente da un po'.*

Le fotografie, prive di copyright, sono state tratte dal sito www.unsplash.com